쓱쓱 싹싹

예쁘게 색칠도 하고 사라진 그림도 찾아 그려주세요

사랑하는 _____ 에게 _____ 가 드립니다

하늘
기획

어느 날 하나님께서 요나에게
너희가 계속 나쁜 짓을 하면 망할 것이라는
말씀을 니느웨에 전하라고 하셨어요.

요나는 자기 나라를 괴롭히는
니느웨에 하나님 말씀을 전해주고 싶지
않아서 먼 곳으로 도망가려고 배를 탔어요.

6

배가 바다 중간쯤 갔을 때
거센 바람이 불고 큰 파도가 일어나
뒤집힐 것 같았어요.

사람들은 각자
자기의 신께 기도하며
살려달라고 아우성을 쳤어요.
하지만 요나는 배 아래층에서
잠을 자고 있었어요.

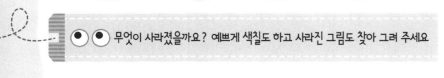 무엇이 사라졌을까요? 예쁘게 색칠도 하고 사라진 그림도 찾아 그려 주세요

배에 탄 사람들은
누구의 죄 때문인지 알기
위해 제비뽑기를 했어요.
그런데 요나가 뽑혔어요.

요나는 자기 때문에
폭풍이 일어났으니 자기를
바다에 던지라고 했어요.

14

요나를 바다에 던지자
바다가 잔잔해졌어요.

커다란 물고기가 요나를 꿀꺽 삼켰어요.
요나는 물고기 뱃속에서 3일 동안 회개하며 기도했어요.

3일 후에 물고기가
요나를 육지에 토해 냈어요.

요나는 니느웨를 다니면서
회개하지 않으면 40일 후에
망한다고 외쳤어요.

22

요나의 말을 들은 니느웨의 왕과
모든 백성들은 금식하고 회개했어요.

요나는 박넝쿨 그늘에서
니느웨가 망하기를 기다렸어요.
하지만 박넝쿨만 시들었어요.

26

요나는 하나님을 원망하며
차라리 죽게 해 달라고 소리쳤어요.

하나님께서 요나를 책망하셨어요.
니느웨에는 박넝쿨보다
귀하고 소중한 사람들이 많단다.

요나는 자기의
이기적인 마음을
회개하고 하나님께
용서를 빌었어요.

눈은 모두 몇 개일까요?   ....개